Sentir
Temer

Primera edición: abril de 2019

Printed in Spain – Impreso en España

ISBN: 978-84-204-3436-0
Depósito legal: B-5.314-2019

Maquetación: Javier Barbado
Impreso en Limpergraf
Barberà del Vallès (Barcelona)

AL 3 4 3 6 0

Penguin
Random House
Grupo Editorial

JUDITH JASO

Sentir / Temer

ALFAGUARA

Gracias por darme la fuerza que necesitaba para escribir este libro.

Mi diario más íntimo.

PRÓLOGO

No sé cómo debería empezarse un libro como este, así que creo que lo haré a la manera tradicional.

Esto es, presentándome.

Para los que no me conozcan, mi nombre es Judith, y a pesar de que este no es mi primer libro, sino el tercero, es el que más me ha costado escribir, porque es tan íntimo y personal que todas sus páginas contienen un pedacito de mí.

Lo he escrito porque necesitaba abrirme a vosotrxs, plasmar mis sentimientos.

Lo he escrito porque lo necesitaba.

Y, aunque nace de una necesidad personal, estoy aterrorizada.

Aterrorizada por exponerme tanto, ya que he leído demasiadas veces que siempre habrá alguien dispuesto a utilizar lo que más te duele para hacerte daño.

Por eso, para protegerme un poco, he disfrazado mi corazón, que es lo que encontraréis en este libro, de páginas de calendario sentimental. Porque las páginas de los calendarios están para ser arrancadas, y tal vez gracias a ese disfraz, si alguien intenta arrancar las de este libro, el tirón duela un poco menos.

Este pequeño diario que he querido compartir con vosotros está estructurado en cuatro partes, coincidiendo con las cuatro estaciones del año. Cada una me inspira algo distinto y representa vivencias que he experimentado en algún momento, pero, sobre todo, el momento en el que me encontraba cuando las escribí. La mayoría de los textos reflejan cómo me he sentido a lo largo de los últimos meses. Habrá a quien pueda parecerle un periodo demasiado breve, pero ha resultado lo suficientemente duro e intenso como para calar en lo más hondo de mí.

Este pequeño diario, al igual que un calendario, tiene meses más difíciles y más fáciles, por eso también refleja todo lo bueno que ha florecido en la primavera que siempre llega tras el frío del invierno.

Además, también he querido compartir reflexiones y opiniones sobre temas de los que siempre he tenido ganas de escribir y pequeños relatos que me inspira cada uno de los meses de este particular calendario.

Si no me conocéis y habéis dado con este libro, espero que lo disfrutéis.

Gracias de antemano por acompañarme siempre, aunque no siempre seáis conscientes de ello.

Otoño

Caos.

Hojas en el suelo.

Hojas revueltas, imposibles de
ordenar.

Mi mente es casi tan caótica
como ese manojo de hojas.

Septiembre

Su familia siempre se iba de vacaciones en septiembre.

Cuando era más pequeña, lo odiaba, porque después de haberse pasado el verano entero sola y aburrida, justo cuando sus amigos empezaban a regresar de la playa, de la montaña, de sus pueblos o del extranjero, a ella le tocaba irse. Habría preferido viajar en julio o en agosto, como todo el mundo, o directamente no haber salido de vacaciones a ningún sitio. Quedarse en casa y disfrutar con sus amigos de los últimos días de libertad antes de que comenzara el instituto habría sido, de hecho, el mejor plan. Y es que a veces, de hecho, las vacaciones solo servían para cambiar una casa por otra, porque aunque sus padres siempre alquilaban apartamentos en sitios maravillosos, como si así quisieran compensarla por haber retrasado tanto el comienzo de la diversión, muchas veces el tiempo no acompañaba y se pasaban la última quincena del verano encerrados en una casa prestada en un lugar que no conocían. Le parecía mentira que todavía no supieran que septiembre era una lotería: nunca hacía tanto calor como en agosto y, muchos años, el otoño llegaba por adelantado, vistiéndolo todo de viento, lluvia y nubes prematuras.

Pasar las vacaciones enfadada se había convertido en una especie de tradición para ella, y por eso aquel año intentó convencerlos de que la dejaran quedarse en casa. Era un septiembre especial porque era el último antes de irse a vivir a la capital en otoño. Muy pronto se separaría de sus amigos, y quería aprovechar para disfrutar de los últimos momentos juntos antes de que todos tomaran caminos distintos.

Negoció, discutió y hasta lloró para hacer entrar en razón a sus padres, pero no consiguió convencerlos. «También te vas a separar de nosotros», le recordaron. «También tenemos derecho a aprovechar los últimos momentos contigo.» Y no hubo más que hablar.

Aquel año, el fastidio llegó antes incluso que las vacaciones, y aunque se había propuesto mantenerse enfurruñada hasta el último minuto de aquellos quince días que le habían obligado a pasar en familia, le costó muchísimo conservar el enfado.

La casa que habían alquilado era particularmente bonita. Tenía su propia piscina privada y quedaba muy cerca de una playa a la que se podía llegar caminando. El clima también estaba siendo perfecto. Por el día hacía el calor suficiente como para disfrutar de un chapuzón, pero sin llegar a ser agobiante. El cielo amanecía todos los días salpicado de rabos de nube que ocultaban el sol lo justo para que la piel se bronceara sin quemarse. Y por la noche soplaba una agradable brisilla que no invitaba a cerrar la ventana, pero sí a cubrirse con una sábana fina y dormir envuelta como en un capullo de mariposa.

Por primera vez desde que tenía recuerdo de sus vacaciones familiares, septiembre estaba siendo un largo domingo soleado y perezoso, de esos que no sabes cómo alargar para evitar que llegue el lunes. Olía a cloro, a césped recién cortado, a protector solar y a sal marina. Sonaba a chicharras, grillos y fiestas del pueblo cercano. Sabía a polo derretido, a horchata, a leche merengada, a copas de helado decoradas con nata y barquillos. Tenía tacto de arena de playa, de bordillo de piscina, de tela de toalla, de vestido de algodón y sandalias de cuero.

Por primera vez en su vida, septiembre se convirtió en algo que le hubiera gustado que no acabara nunca.

Cuando regresó a casa y comenzó a preparar la mudanza, lo primero que metió en la maleta fue la hoja de septiembre arrancada del calendario. Su familia siempre se iba de vacaciones en septiembre, y ella lo odiaba. Pero aquel último verano le habían regalado mucho más que unas vacaciones perfectas: le habían regalado un recuerdo al que volver cada vez que fuera otoño en el lugar donde iba a estar alejada de ellos.

A partir de entonces, cada vez que se sintiera sola, septiembre sería su refugio.

*A veces es más
fácil esconderse
tras una coraza que
afrontar el daño
que pueden hacerte
si descubren qué hay
bajo la misma.*

NOSTALGIA

25 de mayo de 2018.

El día que comienza mi despedida, también lo hace el otoño aunque aún estén naciendo las flores.

Me gradúo después de un año de muchísimo esfuerzo.

Estoy entusiasmada por empezar mi nueva vida, pero.

Pero.

Pero tengo miedo.

Tengo miedo de perder la rutina.

De no volver al instituto todos los días, de no ver más a profesores que me han tendido la mano cada vez que lo he necesitado, que han sido mucho más que maestros y me han ayudado a crecer como persona.

Tengo miedo de no ser capaz de acostumbrarme a no ver a mis amigas a diario.

Tengo miedo de perderlas.

Esta celebración no es más que una despedida. Intentamos disfrutarla aunque sabemos que puede que sea la última ocasión que celebremos juntos. Nuestros caminos se separan, se llenan de hojas de otoño, aunque todavía sea primavera.

Antes de cerrar la puerta del todo, me llevo muchos aprendizajes de esta etapa.

Saber dónde encajo.

Comprender que no puedo llevarme bien con todo el mundo.

Asumir que no pasa nada porque sea así.

Me voy.

Me voy del sitio que ha sido mi hogar.

Odio las despedidas, pero no puedo evitar ser la protagonista de esta.

6 de septiembre

El día que me marcho de la ciudad que siempre ha sido mi hogar todavía es verano, pero ya huele a otoño.

Intento ser todo lo fuerte que me permiten mis diecisiete años.

Estoy ilusionada.

Estoy aterrada.

A partes iguales.

Porque no quiero que nada cambie.

Pero, inevitablemente, todo va a cambiar.

CASUS BELLI

Podría decirse que soy una persona planificadora, me gusta planear.

Lo consideraba una cualidad hasta el momento en que todo lo que había planeado se fue desmoronando poco a poco.

Empecé el bachillerato teniendo claro qué quería hacer con mi futuro y dónde quería estar. He pasado dos años compaginando mi vida de estudiante con «mi otra vida», y la verdad es que estoy muy orgullosa de cómo lo he conseguido.

Sabía dónde quería estar y sabía lo que tenía que hacer para conseguirlo.

Lo había planificado todo y había ido cumpliendo meticulosamente todos los pasos.

¿Qué podía salir mal?

Pero sospechaba que algo podía no haber salido como lo había planeado porque, cuando en julio entré a comprobar si había conseguido sacar la nota que necesitaba para entrar en la universidad, lo hice con el corazón en un puño.

Mi sospecha era cierta, porque estaba en lista de espera.

Y eso no estaba en el plan.

Todo el mundo dijo que me lo había tomado genial, que estaba siendo muy positiva.

Y es que soy muy planificadora, pero también soy realista. Era consciente de que cabía la posibilidad de que mi plan no fuera perfecto, y también era consciente de que había otras mil posibilidades. De lo que no era tan consciente era de lo difícil que me iba a resultar no tener horarios, no tener una rutina.

No tener un plan.

Soy positiva porque a mi edad tengo la suerte de tener trabajo, un trabajo que me llena y me satisface de una manera indescriptible. También tengo la suerte de tener aún mil cosas por hacer en la vida. Pero a pesar de todo, me cuesta aferrarme a esa positividad cuando la última posibilidad de que mi plan funcione desaparece al recibir un «todas las plazas están cubiertas» por respuesta.

Entonces me hundo.

Me hundo porque me he esforzado, porque he dado lo mejor de mí para estudiar lo que me hace feliz. Lo que creo que me hace feliz, al menos. Lo que solo podré descubrir cuando consiga cumplir mi plan.

Me hundo porque tantos años de esfuerzo se reducen a una nota, a una simple nota que determina todo.

Y unas décimas te dejan a las puertas.

Fuera de tu plan, perdida y confusa.

Frustrada.

Y hundida del todo cuando, por motivos que también se escapan de mi control, el resto de opciones se desmoronan conmigo.

Y lo llevo bien.

Intento llevarlo bien.

Intento improvisar un plan nuevo.

Hasta que todo esto, de alguna manera, me arrastra y me lleva consigo.

Y me aparta de mi rumbo.

Dejándome perdida.

Octubre

Lo que más le gustó de aquella casa fue el jardín. La eligió precisamente por eso, y decidió instalarse en la habitación desde donde mejor se veía.

Creyó que en aquella casa solo podría ser feliz.

Al otro lado de la ventana del dormitorio crecía un árbol enorme, de tronco grueso y ramas fuertes, que ocultaba la mayor parte de la calle. Una de las ramas era tan larga que casi rozaba el alféizar de la ventana. Podía pasarse las horas muertas tumbada en la cama, viendo cómo el viento hacía bambolearse suavemente las hojas, como si cada una fuera un columpio en miniatura. Creyó que aquella bonita imagen le alegraría el corazón. Pero no contó con que el otoño estaba a la vuelta de la esquina.

Había llegado a vivir allí a principios de octubre, cuando las hojas todavía eran verdes, pero a través de la ventana de su nuevo cuarto fue viendo cómo se ponían primero amarillas, luego naranjas, después rojas y, por último, marrones y arrugadas. No se perdió un segundo del proceso porque prácticamente no se movió de la cama desde donde se veía la ventana que daba al jardín de la casa nueva.

Creía que sería feliz viviendo en una casa con jardín, pero en lugar de alegrarse, se fue marchitando como las hojas del árbol y empezó a sentirse cada vez más sola y perdida.

Las cosas no habían salido como ella las había planeado y ahora se encontraba desorientada. No salía de la cama ni de aquella casa porque no tenía ningún mapa con el que evitar perderse, y se dedicaba a observar cómo el árbol se iba quedando, poco a poco, cada vez más desnudo. Las de la rama más cercana se acumulaban en el alféizar en una capa de pétalos resecos y crujientes. Fue creciendo día a día hasta ocultar casi por completo la vista del árbol y del jardín, impidiendo el paso de la luz. El cuarto de la casa nueva, de cuya cama casi no se movía, estaba cada vez más oscuro y triste.

Un día de tormenta, una lluvia furiosa mojó la persiana marrón que ya llegaba casi a la mitad de la ventana y, al día siguiente, cuando salió el sol, el manto de hojas comenzó a pudrirse. Lo que no había conseguido una oscuridad cada vez más penetrante lo logró el mal olor: asqueada por la peste a humedad y podredumbre, se levantó de la cama, abrió el cristal y apartó de un empujón todas las hojas muertas del alféizar, que cayeron al suelo con un sonoro plop.

Asomó la cabeza por el hueco de la ventana y respiró el aire fresco de otoño, que no olía a podrido, sino a hierba y madera mojadas. A lo lejos se distinguía el perfume ahumado de un fuego de chimenea. Se mareó un poco, porque era la primera vez que ventilaba en mucho tiempo, pero en cuanto se recompuso, miró hacia abajo y vio que prácticamente toda la copa del árbol yacía ahora en el suelo, pudriéndose igual que las hojas que acababa de limpiar del alféizar. Le pareció una pena que aquellos olores otoñales tan maravillosos se contaminaran con el de las hojas marchitas, así que se dio una ducha, se vistió y salió de la casa con un rastrillo, dispuesta a limpiarlo.

Entre las ramas retorcidas del árbol sin copa se colaban los rayos de un sol templado que le calentaron el cuerpo y el corazón mientras trabajaba. Cuando hubo terminado de rastrillar el jardín y las hojas muertas formaron montón que le llegaba a la altura de las rodillas, una chica con aire de estar triste y perdida pasó frente a la casa y se quedó contemplándola un momento.

—Cómo me gustaría vivir en una casa con jardín —comentó—. Seguro que aquí sería feliz.

Ella apoyó el rastrillo contra el tronco del árbol, le dedicó a la otra muchacha una amplia sonrisa y la invitó a pasar dentro.

No llevo ni un mes separada de ellos y todo es demasiado difícil.

Ellos no me dejan caer.

No saben por qué, pero saben que no estoy bien, que he perdido la luz que me caracterizaba.

Mis padres han venido a darme fuerza, pero cuando se van no puedo evitar derrumbarme.

Los echo mucho de menos.

Luego han venido ellas, esas amigas que son como hermanas para mí. Las necesito más que nunca.

Las abrazo y, a pesar de que llevo mucho tiempo sin verlas, nada ha cambiado.

Perderlas era lo que más me aterrorizaba, pero las amistades que son para siempre se cuidan solas para que nunca terminen.

Estoy segura de que estamos consiguiendo que nuestra amistad sea para siempre.

Gracias por no olvidaros de mí y recordarme cómo soy cuando más lo necesito.

Las hojas cayendo de los árboles,

nosotros perdiendo la inocencia.

Crecer, madurar, vivir diferentes etapas me parece una de las cosas más bonitas del mundo.

Sin embargo, me es imposible mirar hacia atrás y no sentir nostalgia,

nostalgia por todo lo que perdemos con el paso del tiempo.

Pero también me siento agradecida por todo lo que ese mismo tiempo

me enseña.

OJALÁ

Tengo miedo,

miedo de tener que tenerlo.

Salgo de casa.

Siento que me siguen.

Me da miedo coger el metro a partir de las diez, me da miedo volver andando de noche y me da miedo utilizar cualquier tipo de servicio de transporte para llegar.

Para llegar sana y salva a casa.

Debería poder estar tranquila yendo sola por la calle, pero no lo estoy.

Cierro la puerta y por fin puedo respirar.

Me siento indefensa, pero sé que no lo soy.

¿Qué me hace sentir así?

Quizá no me siento protegida por lo que nos debería proteger a todos.

La ley.

Ojalá cuando estés leyendo esto, no te sientas indefensa y aterrada al caminar sola.

Ojalá no tengamos que justificarnos al ser las víctimas.

Ojalá poder abrazarte ahora mismo.

Noviembre

Le encantaba disfrazarse.

En carnaval, en Halloween, en fiestas de cumpleaños: daba igual cuál fuera la ocasión, porque su disfraz siempre será el más espectacular. Podía pasarse meses planificando con mimo hasta el más mínimo detalle. Había pocas cosas que le gustaran más que elegir de qué se vestiría, investigar el personaje, elegir las telas, los complementos, las pelucas, el maquillaje. Los cosía ella misma con una máquina que había heredado de su abuelo, y no le importaba la cantidad de horas que tuviera que invertir hasta que quedaba exactamente como ella quería.

Eran meses, semanas, horas de trabajo.

Luego usaba el disfraz una vez, dejaba con la boca abierta a los asistentes al carnaval, a la fiesta de Halloween, al cumpleaños, volvía a casa, se lo quitaba, vestía con él a uno de los muchos maniquíes que habitaban en su dormitorio y no volvía a usarlo más.

Nunca más.

Nadie entendía por qué solo le daba una oportunidad a obras a las que había dedicado tantísimo tiempo. Vuelve a ponértelos, le decían, y ella negaba con una sonrisa y un movimiento de cabeza. Pues véndelos entonces, insistían. Y ella seguía negando. Préstalos. De nuevo una negativa. Regálalos.

Y así, un año tras otro las preguntas, las órdenes, se repetían con cada disfraz nuevo, hasta que se cansaron de insistirle y empezaron a dejarla en paz.

Todos pensaban que para ella aquello no era más que un juego, un pasatiempo extraño al que disfrutaba dedicándole tiempo, y ella no los sacaba de su error.

Pero todos se equivocaban.

Para ella los disfraces eran algo muy serio: cada uno, una oportunidad de vivir durante un rato muy pequeño una vida que no era la suya, de convertirse un personaje que nunca se habría atrevido a ser: un ángel bondadoso, un hada astuta, una diablilla traviesa, una vampiresa sangrienta, una alienígena intrépida, una valiente exploradora, una heroína superpoderosa, una delicada princesa, un divertido payaso... Cosas que no era, que nunca sería. Los usaba una sola vez no porque se los tomara a la ligera, como todo el mundo creía, sino precisamente por lo contrario, por miedo a querer convertirse en ellos.

Por miedo a perderse en sus disfraces y dejar de ser ella misma.

Cuando supo que se marchaba de casa, lo primero que metió en la maleta fue la máquina de coser, los patrones y los hilos. Cuando llegó a su casa nueva, lo primero que hizo fue sentarse a coser un disfraz nuevo. Era septiembre y no había ocasión para estrenarlo a la vista. Cogió el calendario y contó los días que faltaban para la próxima excusa para disfrazarse. Fue marcando con una pequeña cruz roja todas las casillas del calendario y contó sesenta y un días para Halloween. Aún no tenía amigos en aquel lugar nuevo, ni la habían invitado a ninguna fiesta, pero creyó que sesenta y un días serían suficientes para conocer gente a la que también le gustara disfrazarse, así que en lugar de preocuparse, se dedicó a planificar: elegir de qué se vestiría, investigar el personaje, elegir las telas, los complementos, las pelucas, el maquillaje...

Le estaba dedicando a aquel disfraz más tiempo que a cualquier otro. Tanto, que por culpa del cuidado que estaba poniendo en que todo quedara perfecto, casi no tuvo tiempo de conocer a nadie nuevo. Pero no importaba, se decía mientras se esforzaba, porque hasta el último detalle de su nueva obra fuera tal y como ella lo tenía en su cabeza. Lo importante es que quede bien. Lo importante, cuando los conozca, es impresionarles. Y así pasaba los días, cosiendo y arreglando, eligiendo y decidiendo, hasta que llegó el día de Halloween y se encontró con que no tenía fiesta a la que ir, porque no había tenido tiempo de conocer a nadie que la invitara a ninguna.

El disfraz era perfecto: un traje de dragona al que solamente le faltaba echar fuego. Cuando estuvo listo, en lugar de probárselo como hacía siempre, vistió con él al único maniquí que había en su nuevo cuarto y lo admiró desde lejos.

Era precioso e impresionante, pero no era ella.

Se había perdido intentando impresionar a los amigos que aún no había hecho con una imagen que no era la suya.

Acarició la tela y se miró un momento al espejo. Y así como iba vestida, con un modelo sencillo y el pelo despeinado de haberse pasado muchas horas cosiendo, salió a la calle a buscar una fiesta en la que colarse con aquel disfraz imperfecto que, por primera vez en su vida, se atrevería a vestir más de una vez, porque era el que realmente la representaba.

AUTOANTÓNIMO

Dinero.

Fortuna.

Palabras que pueden parecer gemelas,

pero sin una de ellas

puedes conseguir la otra.

EGOÍSMO

Y cuando venga la tempestad, que no nos coja agarrados de la mano.

Y cuando venga mi tempestad,

no quiero que arrase con nadie más.

Con nadie más que conmigo.

Sé que las cosas no han salido como esperabas, pero Madrid te come sino te la comes tú antes a ella.

Sabes que a pesar de todo, puedes.

No dejes que te coma, Judith,

solo tú puedes cambiar esto y hacer lo que quieras de Madrid.

Te echo de menos,

aunque haya sido yo quien ha querido alejarte de mi vida.

Espero que no te tomaras en serio mis últimas palabras,

porque sentía todo lo contrario a lo que decía.

Ya sabes cómo soy,

y estoy segura de que sabrás cómo arreglar lo que nos he hecho,

porque, créeme, yo no sé cómo hacerlo.

Y, como por arte de magia, esa barrera cae. A veces tarda más en hacerlo, pero siempre termina cayendo.

PUNTO DE INFLEXIÓN

Escribo esto desde un autobús con destino Pamplona.

Me voy una semana.

Me voy porque me he perdido.

Tanto cambio me ha superado.

Tantos baches me han superado.

Me miro y no sé quién soy,

actúo sin saber qué es lo que quiero después de ese acto.

Estoy perdida, necesito encontrarme.

Necesito volver a conectar conmigo.

Necesito mirarme y reconocerme.

Invierno

Me siento perdida,

como si me hubiera extraviado
en un mar de nieve.

Sin saber cómo salir

pero

sobre todo,

sin saber cómo he llegado hasta
aquí.

Diciembre

Sé que, cuando lleguemos, en la calle todo estará en su sitio.

Si ha hecho suficiente frío, la nieve abrazará las ramas peladas de los árboles; si no, la lluvia habrá salpicado las calles de charcos. El viento, fuerte y travieso, dará la vuelta a algún paraguas, volará algún sombrero, mecerá las luces de colores que cuelgan entre los postes de las farolas y será el culpable de que los papanoeles de fieltro se columpien peligrosamente de los balcones.

También estoy segura de que en casa también estará todo en su sitio.

Las figuritas del Belén esperarán quietas sobre la repisa del zapatero. Habrá ejércitos de pastorcillos y pastorcillas, varios ángeles sobrevolando la escena, un castillo de piedra gris invadido por los romanos, tres Reyes Magos montados en sus camellos y acompañados por sus pajes, gallinas, ovejas, cerdos, cabras y, por supuesto, un pesebre. Mamá, como siempre, habrá utilizado un espejo viejo para fabricar un lago en el que nadarán patos y cisnes de cerámica y papá habrá espolvoreado la escena con musgo falso y polvos de talco para que parezca más realista. De poner el árbol siempre nos encargamos mi hermano y yo, así que las hojas de plástico del abeto nos estarán esperando en una esquina de la sala, apiladas en su caja de cartón, junto a las de los adornos metálicos y el espumillón.

Nos pondremos a armarlo antes incluso de haber dejado las maletas en nuestros cuartos, ansiosos, y papá o mamá traerán de la cocina la bandeja de cristal en la que habrán colocado pequeños rectángulos con nuestros turrones favoritos. Mi hermano se lanzará a por el de chocolate mientras yo elegiré el trozo más grande de yema tostada. Mamá le dirá a papá, con la boca llena de crujiente turrón duro, que deje de hincarle el diente al blando si no quiere que se acabe antes de que empiecen las fiestas. Nos acercarán la bandeja varias veces y, cuando digamos que ya no podemos más, que estamos empalagados de dulce, señalarán la cesta de mimbre, decorada con un trapo rojo y verde, para recordarnos que, por si acaso nos hemos quedado con hambre, ahí dentro encontraremos mazapanes, mantecados, roscos de vino y anís y polvorones de todos los sabores.

La Navidad empezará oficialmente cuando nos reunamos los cuatro en el salón y enchufemos las bombillitas de colores con las que habremos envuelto el pino de plástico. Cuando se enciendan, parpadearán intermitentemente al ritmo de una melodía de villancicos que nos terminaremos cansando de escuchar, y entonces podremos empezar a colocar debajo del árbol paquetes decorados con lazos y tirabuzones de serpentina. Hasta que llegue el momento de abrirlos, intentaremos adivinar por la forma del envoltorio qué son y a quién van dirigidos.

Todavía no he llegado a casa y no he visto ninguna de las escenas que acabo de describir, pero sé perfectamente cómo será todo, dónde estará todo, a qué sabrá y olerá todo. Será como ha sido siempre, porque eso es lo reconfortante de la Navidad: mantener la tradición.

Por eso no me hace falta haber llegado para saber que, entre la alegría del reencuentro, el calor de los abrazos y la seguridad de los pequeños rituales repetidos, se colará el frío de un espacio vacío: el hueco de las tres sillas que desde hace unos años no ocupa nadie cuando nos sentamos a cenar el día de Nochebuena.

Sé que todo será como siempre.

Sé que todo estará en su sitio.

Todo menos ellos.

NAVIDAD

Siento tristeza.

En mi corazón no es una fecha para juntarte con personas a las que no ves prácticamente nunca.

Mesas infinitas, repletas de relaciones vacías.

De personas que no cruzan palabra a lo largo del año, pero fingen que sí.

En mi corazón es para estar con los que te acompañan a lo largo de este. Y, sobre todo, para darte cuenta de cuántas personas faltan.

A pesar de no tener una mesa infinita, tampoco la necesito.

Creedme si os digo que en mi mesa no faltan más que tres personas.

Pero no verlas duele tanto que dejan el vacío de mil.

SERENDIPIA (I)

20 de septiembre.

Ni siquiera había nacido.

Aunque nunca llegué a conocerte, de ti solo me han llegado buenas palabras.

Imagínate cómo de buenas habrán sido que, a pesar de no haber podido abrazarte nunca, te echo de menos todos los días de mi vida.

Si pudiera pedir un deseo, sería tener la oportunidad de conocerte.

Y aunque no haya podido hacerlo, sé que es un deseo compartido.

Lo sé porque mis padres, que sí lo hicieron, me han dicho siempre que deseabas con todas tus fuerzas tener una nieta.

Que haberme tenido en tus brazos habría sido un sueño para ti.

Todos los que os habéis ido lo hicisteis demasiado pronto.

Sobre todo tú.

Solo espero que estés orgulloso de mí.

Y haber hecho justicia a la idea de esa nieta que tanto esperabas.

A pesar de que sé que volveré a veros dentro de tres semanas,

la separación duele tanto

que lo único que deseo es que en algún momento deje de hacerlo.

Pero en materia de despedidas, no importa la experiencia, porque siempre duelen como la primera vez.

Decir adiós una sola vez duele menos. Con lágrimas en los ojos, pero sin mirar hacia atrás.

Enero

Los regalos le hacían ilusión, como a todos los niños, pero lo que realmente la fascinaba de la noche de Reyes era la magia.

¿Cómo era posible que los Reyes Magos supieran si habías sido obediente o desobediente a lo largo del año? ¿Cómo te espiaban para decidir si merecías o no regalos? ¿Cómo se organizaban para pasar, en una sola noche, por la casa de todos los niños del mundo, incluso los que habían sido malos? ¿Estaban compinchados con los dentistas, y por eso a los que no se habían portado bien les dejaban carbón dulce para que se les picaran los dientes?

Aquellos tres sabios misteriosos la tenían completamente encandilada.

Su mayor sueño era conocerlos, por eso, aunque después de la cabalgata la mandaban a dormir mucho antes de lo que le hubiera gustado, ella se quedaba despierta y espiaba por una rendija de la puerta entreabierta si aquel año llegaban a su casa por la puerta o lo hacían tal vez por la ventana. Sabía que corría un riesgo enorme, porque los Reyes eran magos, y lo sabían todo. Sabían, por ejemplo, si un niño o una niña fingía estar dormido cuando en realidad intentaba espiarlos, y en esas casas ni siquiera dejaban un triste trozo de carbón dulce, sino que, directamente, pasaban de largo.

Así de mágicos eran.

Por eso, el año que pidió lo que más deseaba del mundo, no quiso arriesgarse a enfadarlos. Escribió la carta a escondidas, la echó al buzón tras asegurarse de que no había gente mirando y nadie, absolutamente nadie, consiguió sonsacarle qué era lo que había pedido.

«Los Reyes son magos, ellos lo saben todo», respondía, y sus padres la miraban con preocupación. No entendían por qué era tan importante que nadie supiera qué regalo quería aquel año. Ella, sin embargo, se mantuvo fiel a su promesa de no hacer trampas. Lo que le había pedido a los Reyes era dificilísimo de conseguir y necesitaba que pensaran que había sido la niña más buena del mundo para que se lo trajeran.

El 5 de enero fue a la cabalgata, cenó verduras sin rechistar, se lavó los dientes sin necesidad de que se lo recordaran, se puso el pijama, preparó leche caliente y turrón para los reyes y agua y zanahorias para los camellos, dejó la zapatilla debajo del árbol y se acostó antes que ningún día. Estaba muy nerviosa, pero aun así se obligó a cerrar los ojos y dormir, resistiendo la tentación que todos los años la hacía salir de la cama por lo menos diez veces para asomarse a espiar por la rendija de la puerta. Tuvo una noche de sueños agitados y, en cuanto el primer rayo de sol se coló por la ventana, salió disparada al salón para encontrar su regalo.

Junto a su zapatilla había un montón de paquetes envueltos en papel de colores y decorados con lazos en los que ni siquiera se fijó.

Lo que había pedido no necesitaba envoltorio y no cabía al lado de una zapatilla, así que fue a la cocina, pero allí tampoco estaba. Empezó a ponerse nerviosa y fue corriendo a la terraza, al baño, a la salita de estar. Rebuscó en el pasillo, en los armarios, debajo de las camas y por todos los rincones.

—¿Podemos mirar si mi regalo está en el trastero? —le pidió a su padre cuando salió del cuarto de baño.

Era tan temprano que aún se restregaba los ojos de sueño.

—Todos tus regalos están aquí, cielo —dijo él, señalando los paquetes amontonados juntos a su zapatilla—. ¿No te han traído lo que has pedido? Igual este año no les ha llegado la carta...

Parecía nervioso, preocupado.

Incómodo.

Ella notó un peso enorme en el pecho y tuvo que sentarse en el sofá para no caer al suelo.

—No existen, ¿verdad? Los Reyes no existen. No hacen magia.

Su padre se pasó la mano con la que acababa de frotarse los ojos por el pelo y abrió la boca para contestar, pero no dijo nada.

Aquel silencio fue toda la explicación que necesitaba.

El corazón se le convirtió en plomo y no se levantó más de los cojines hasta que su madre y su hermano se despertaron. Obligada por ellos, rasgó el papel de colores sin ganas y dio las gracias por los libros, el videojuego y la ropa sin ilusión. Cuando los llamaron a la cocina para desayunar roscón con chocolate caliente, en lugar de sentarse a la mesa con sus regalos abrazados contra el pecho como hacía siempre, lo hizo con las manos vacías y la cabeza gacha.

—Toma, mi vida —le dijo su madre, tendiéndole un platito con un triángulo de dulce espolvoreado de fruta escarchada y azúcar cristalizado.

—No me apetece —respondió ella, apartando el plato.

—Come un poco, que seguro que te alegra —insistió su padre.

Ella se llevó la masa esponjosa a la boca y sus dientes se toparon con algo duro. Le había tocado la sorpresa. Desmigó el bollo hasta encontrar un paquetito envuelto en papel de celofán y lo abrió también. Cuando por fin consiguió liberarlo del envoltorio, depositó en el centro de la palma un objeto metálico, redondo y reluciente. El peso que sentía en el pecho se alivió de repente y un hormigueo de ilusión se extendió por todo su cuerpo.

Lo que tenía en la mano era un sello de plata con unas iniciales talladas en relieve.

—Es el anillo del abuelo... —murmuró su madre, sorprendida—. ¿De dónde lo has sacado? Lleva perdido desde que...

—Es mi regalo —dijo ella, emocionada.

Su madre, su padre y su hermano la miraron como si estuviera loca, pero ella lloraba y reía, agitando el puño cerrado, más feliz con aquel anillo diminuto que con cualquier regalo que hubiera recibido en su vida.

Aquel año solo había pedido una cosa. Sabía que era difícil de conseguir, y que si alguien era capaz de hacerlo, serían ellos, los Reyes. No le habían devuelto a su abuelo, que era lo que había pedido, sino algo mucho mejor: un recuerdo que la acompañaría siempre..., y la ilusión de creer que la magia es capaz de hacer milagros.

SERENDIPIA (II)

19 de diciembre.

Era tan pequeña que no recuerdo cómo fue.

Lo que sí recuerdo es que un día ya no estabas.

Que no entendía por qué te habías ido.

Que no entendía por qué no volvías.

Que no entendía por qué tú.

Por qué tú, si aún no habíamos tenido tiempo de cocinar juntas alguna de tus recetas.

Por qué tú, si era un momento que habríamos disfrutado muchísimo compartiéndolo.

Por qué tú.

Por qué.

Pero esto no es un reproche.

No quiero que te sientas culpable por haberte ido demasiado pronto.

Solo quiero darte las gracias.

Gracias por haber cocinado tus recetas con papá, y que, gracias a él, haya podido compartir un poco más contigo.

Gracias por tu alegría contagiosa.

Gracias por tu bondad.

Gracias por tus achuchones.

Siempre los echaré de menos.

Echaré de menos incluso las pequeñas cosas que odiaba, como cuando me apretabas fuerte y me besabas los mofletes.

Ojalá volvieras a estar.

Ojalá poder volver a odiar una vez más esos besuqueos incómodos,

para luego darte las gracias.

CONTRADICCIÓN

Vivimos en un mundo tan injusto como hipócrita, donde hay personas capaces de aplaudir exactamente lo que acaban de criticar.

Los mismos que aplauden a un hombre que se expresa a través de su cuerpo y su piel, sienten miedo y rabia cuando ven a una mujer mostrándose tal y como es, feliz, sin miedos ni complejos.

El problema no lo tienen ni los hombres ni las mujeres que muestran su cuerpo, dejando al desnudo su piel. Tienen todo el derecho de hacerlo.

El problema está en lo que hay tras esos ojos que critican una cosa y aplauden la otra.

El problema está en no ver que cada vez que una mujer consigue quererse y mostrarse tal y como es a pesar de los estereotipos que pesan sobre ella, se abre una puerta.

El problema está en que hay mujeres que cierran esta puerta a otras mujeres, en lugar de aprovechar para cruzarla y ser felices, sin miedos ni complejos.

El problema es que hay hombres que consideran que cuanta más piel muestras, menos vales.

El problema no está en el cuerpo desnudo, que solo es eso, un cuerpo, el arte más puro que conozco.

El problema está en los ojos impuros que lo confunden con lo que no es.

SERENDIPIA (III)

26 de diciembre.

El sol se fue y te llevó consigo.

Tenía ocho años, y mis padres habían hecho lo imposible porque tu partida fuera lo menos dolorosa posible. Para ti y para nosotros.

Consiguieron lo imposible, porque apenas sabíamos lo mínimo.

Que no estabas bien.

Que estabas enfermo.

Ellos tampoco sabían que, el día después de Navidad, el sol te llevaría consigo.

Todavía era de día cuando subí a mi cuarto a intentar jugar con mis regalos. No sabía por qué, pero no tenía ganas. Estaba sentada cuando de pronto, de una estantería, cayó una figura sin que nadie la hubiera tocado. Y me eché a llorar.

Me eché a llorar porque en ese momento supe lo que tanto tiempo habían estado intentando ocultarme.

Que si bajaba a tu cuarto, ya no iba a poder ponerte el termómetro y apuntar la temperatura para decirles a las enfermeras que no, que ayer tampoco habías tenido fiebre.

Que no iba a poder decirles que estabas mejor, porque, simplemente, ya no estabas.

Porque el sol se había ido y te había llevado consigo.

Recuerdo que no lloré en tu funeral. Era muy pequeña y estaba muy rota, pero mi prima era aún más pequeña y estaba más rota que yo, y no necesitaba verme llorando.

Y yo, de alguna manera, no necesitaba llorar.

No necesitaba despedirme, porque no sentía que te hubieras ido del todo.

No necesitaba que mis lágrimas fueran públicas.

Si acaso, lloraría en privado, para mí y para ti.

Porque a pesar de sentirte tan cerca, nunca más podría volver a abrazarte.

Porque a pesar de sentirte tan cerca, tampoco volvería a contemplar tu mirada rebosante de orgullo al mirarme, sin ser del todo consciente de que ese orgullo lo provocaba yo.

Sin que supieras que eras tú quien realmente me hacía sentir orgullosa a mí.

Orgullosa de ti, de lo mucho que luchaste, de todo lo que hiciste por mí y por todos nosotros.

RENACER

He vuelto.

En apenas siete días, vuelvo a saber qué quiero.

Solo quiero ser yo.

Y estoy consiguiendo volver a serlo.

Llevaba dos meses perdida.

Ocho semanas.

Sesenta días.

Mil cuatrocientas cuarenta horas.

Ochenta y seis mil cuatrocientos minutos.

Depende de la medida en la que lo cuentes, puede parecer (o no) una eternidad.

Ahora, sin embargo, sé que ha sido una eternidad necesaria.

Porque en esos minutos, horas, días, semanas, meses de pérdida, me he encontrado.

Y ahora tengo más ganas de ser yo que nunca.

Más ganas de hacer y cumplir todo lo que me he propuesto este año.

A veces, aunque sea angustioso y desesperante, hace falta perderse para descubrir quién eres en realidad.

MEMORANDUM

Gracias,

por no soltarme.

Gracias,

porque hasta yo misma me habría soltado.

HELADO

Así te sientes cuando se apaga esa llama,

ese fuego que tan ardiente te hizo sentir.

Qué duro es perder esa chispa de ilusión, pero más duro es todavía decir

adiós a esa persona con lágrimas en los ojos sin sentir una pizca de rencor.

Lo único que sientes es amor, pero quizás otro tipo de amor.

Nunca un abrazo me había roto tanto por dentro.

Cuando vuelves a notar que tu corazón es un bloque de hielo

lo más duro es saber que nadie volverá a ser capaz de derretirlo.

O quizá sí vuelvan a hacerlo,

pero nunca de la misma manera que la persona que consiguió

derretirte por primera vez.

Me hiciste creer que
eras mala persona.
Hasta tú mismo
lo pensabas.
Es mejor que piensen
eso de ti que tener
que cumplir con
las expectativas,
¿verdad?

ATARAXIA

La primera vez que escuché esta palabra fue en clase de Filosofía.

Según la corriente filosófica que la emplee, puede adoptar un significado u otro, pero su esencia es el hallazgo de la serenidad emocional.

Me enamoré de ella en cuanto la escuché.

De hecho, me encantan todas las palabras que no son simples encadenamientos de letras y sonidos, sino que van mucho más allá.

Hasta ahora no había entendido en qué consistía la ataraxia, y jamás pensé que sabría identificarla, mucho menos experimentarla.

Pero, para mí, esto es ataraxia.

Alcanzar la serenidad emocional después del caos es como

sentir que el hielo se derrite, y que por fin termina el invierno.

Febrero

Sentada en el banco del parque, frente al surtidor de la fuente helada, repasaba una y otra vez los días en el calendario. Uno, dos, tres, cuatro, cinco... y así hasta veintisiete. Contaba otra vez. Cuatro lunes, cuatro martes, cuatro miércoles, cuatro jueves, cuatro viernes, cuatro sábados, tres domingos.

Veintisiete.

Sabía que cada cuatro años, febrero se ponía caprichoso y sumaba un día de más. Siempre le había parecido un fenómeno curioso. De pequeña se preguntaba si las personas nacidas en ese día que a veces existía y a veces no envejecerían más despacio, o si el tiempo se detendría para ellas en los años que transcurrían entre sus apariciones. Era extraño, por tanto, aunque posible, que hubiera febreros con días de más.

Lo que no había oído nunca era que hubiera febreros con días de menos.

Sin embargo, estaba segura de que a su febrero le faltaba un día. Lo había comprobado mil veces. Había marcado cada casilla del calendario en el que ahora clavaba la vista con un número minúsculo y la cuenta siempre era la misma: veintisiete. Cuatro lunes, cuatro martes, cuatro miércoles, cuatro jueves, cuatro viernes, cuatro sábados, tres domingos.

Veintisiete.

Se le había perdido un día. Pero ¿cuál?

¿El que en lugar de levantarse se envolvió como una oruga en el edredón y no salió más de la cama? ¿El que la invitaron a tres planes distintos, pero puso excusas para no tener que ir a ninguno? ¿El que recibió una llamada a media tarde y respondió al teléfono con voz ronca porque era la primera vez que hablaba en todo el día? ¿El que no supo echar la cuenta de cuántos días llevaba sin cambiarse de pijama?

¿O quizá habría sido ese día que se dio cuenta que se le había perdido un día del calendario?

No conseguía recordarlo, y eso la estaba sacando de quicio. Cuando se dio cuenta, se puso tan nerviosa que se vistió a toda prisa y salió a la calle sin pensar adónde iba.

Necesitaba oxígeno fresco. Necesitaba pensar. Necesitaba averiguar qué día había perdido y cómo lo había hecho.

Estaba casi segura de que el día que se le había perdido no había sido uno de esos fríos y monótonos, tan parecidos entre sí que no le habría importado haberlos olvidado todos. No; tenía la sensación de que había perdido un día importante. Un día en el que tal vez hubiera hecho una nueva amistad. O en el que hubiera descubierto una nueva afición. O quizá en el que finalmente habría descubierto qué rumbo tomar. El día que había perdido seguramente le hubiera pasado algo bueno, porque todos en los que le había pasado algo malo los recordaba perfectamente.

Todo esto pensaba, con los ojos fijos en el calendario de bolsillo, cuando un delicado tintineo llamó su atención. Del chorro helado que manaba del surtidor caían unas gotas diminutas que alimentaban un charco en el suelo. Dos gorriones de plumas pardas bajaron de las ramas de un árbol a beber del agua derretida y trinaron alegremente antes de levantar de nuevo vuelo. Cuando se hubieron ido, ella se levantó del banco, hizo una bola con el calendario y la tiró en la primera papelera que encontró.

Se le había perdido un día. Ya no le quedaba duda de que así como había febreros con días de más, también podía haberlos con días de menos. No estaba segura de cuál se le había extraviado, pero le daba igual, porque, ahora que empezaba a deshelar, no estaba dispuesta a perder ni uno solo más buscándolo.

Primavera

Cuando el día tiene las mismas
horas que la noche.

En esta ocasión no coincido
tanto contigo:

mi oscuridad tiene muchas
menos horas que mi luz.

Marzo

No fue cuando en las ramas de los almendros brotaron pequeños capullos rosados. Ni cuando tuvo que quitar un par de mantas de la cama porque pasaba calor por las noches. Tampoco cuando en la maceta de tierra oscura en la que había plantado un bulbo de tulipán asomó un tallito verde.

No fue cuando buscó destinos donde pasar la Semana Santa, ni cuando hizo la última excursión a la montaña para ver la nieve antes de que se derritiera del todo, ni por tener que salir de casa con mil capas de ropa, porque de madrugada aún helaba pero a mediodía sudaba a mares con el jersey de cuello vuelto.

No fue el primer mediodía que pudo tomarse un café con leche en la terraza de un bar, ni cuando pasó del abrigo a la chaqueta, ni tampoco la tarde que se recorrió todos los centros comerciales de la ciudad buscando el regalo perfecto para el día del padre.

No fue cuando la invitaron a Valencia a ver cómo ardían las fallas, ni al pasear descalza por la orilla del mar con las botas en la mano, ni cuando los escaparates se llenaron de colores claritos y estampados florales.

No fue cuando el polen le irritó la nariz y los ojos, ni cuando los puestos del mercado se llenaron de olor a fresas, ni cuando vio parejas besándose en el césped de los parques.

La primavera explotaba a su alrededor, pero ella no se dio cuenta hasta la noche que tuvo que adelantar el reloj una hora.

Estaba en una fiesta con sus amigos cuando alguien anunció por los altavoces que a las dos serían las tres. La sorprendió. Se le olvidaba todos los años, como si con cada cambio horario su mente sufriera un pequeño episodio de amnesia.

Todo el mundo arrugó el gesto cuando se dio cuenta de que acababa de perder una hora, pero ella sonrió.

El invierno había sido tan largo, le habían sobrado tantas, que solo pudo sentirse agradecida por aquel primer regalo que le hacía la primavera.

PAPÁ

Eres la persona con la que menos me cuesta ser yo misma porque sé que, haga lo que haga, nunca me vas a juzgar.

Para ti, todo lo que hago lo hago bien.

Los dos sabemos que no es así, pero te admiro por tener una confianza tan ciega en mí.

Tú siempre has querido que fuera independiente y tomara mis propias decisiones, y eso es lo que he hecho desde que tengo edad para decidir, pero aunque a veces no te des cuenta, siempre tengo en cuenta si tú piensas que la decisión que he tomado es la correcta.

No sabes cuánto valoro que siempre me hayas dado todo el espacio que necesito y que nunca te hayas inmiscuido en mi vida personal.

No sabes cuánto valoro que no me juzgues nunca, porque tu opinión me importa más que la mía.

¿Sabes?, cada vez que mamá decía que el hombre de su vida era el abuelo, me enfadaba en secreto con ella.

Me enfadaba porque no lo entendía, pero ahora lo entiendo.

Ahora entiendo lo infinitamente afortunada que soy de que tú seas el hombre de la mía.

MADRID

Gracias por haberme acogido con los brazos abiertos.

Siempre he leído que, seas quien seas y seas como seas, en Madrid eres bienvenido.

Así es, o por lo menos así ha sido.

Necesito un cambio de aires, necesito pasear y perderme en ti.

No tengo un rumbo fijado, pero sé que eres mi destino.

Me estaba ahogando

y necesitaba respirarte.

No soporto que se utilice la palabra «maricón» como insulto, ni que la homosexualidad femenina esté tan sumamente sexualizada.

No soporto la hipocresía de los homófobos que sienten rechazo por un hombre que ama a otro hombre, pero les encanta ver a dos mujeres besándose.

Me duele ver el sexismo tan presente en la infancia: rosa para las niñas, azul para los niños, muñecas para ellas, coches para ellos.

Me duele que siga habiendo personas incapaces de comprender la diferencia entre los órganos sexuales con los que alguien ha nacido y el género que le identifica, o simplemente de entender que existe la posibilidad de no sentirte identificado con ninguno.

Me rompe por dentro ser consciente de todas las dificultades que tienen las personas transexuales para poder ser como verdaderamente son.

La lista de mis hartazgos podría ser infinita.

Creemos que somos seres evolucionados cuando en realidad no somos más que simples primates.

Ojalá algún día se dejen de dar las cosas por sentadas y se empiecen a contemplar todas las posibilidades.

Y ojalá llegue el día en el que nadie tenga miedo de amar ni tengamos la necesidad de etiquetar todo.

Porque las etiquetas muchas veces ayudan, pero si se usan desde el odio y el desconocimiento, desde la ignorancia y la maldad, también pueden hacer mucho daño.

No hay nada tan frágil y poderoso como la esperanza.

Tan frágil y efímera como las flores que una racha de viento arranca de una rama en primavera.

Tan fuerte y poderosa como un capullo que brota, capaz de soportar lluvias infinitas y el peso de las gruesas gotas de rocío.

Tan contradictoria que asusta.

Tan necesaria que es lo que nos mantiene vivos.

La esperanza es lo último que se pierde

porque, si lo hacemos,

una luz se nos apaga por dentro.

TATO

No conozco a nadie capaz de entenderme mejor que tú.

Sé que soy complicada, y también que a veces no sabes cómo actuar cuando estoy mal, ya que aunque esté rota por dentro, me cuesta reconocerlo.

Sé que no soy la persona más cariñosa del mundo, y que quizá no te demuestre cuánto te quiero y todo lo que significas para mí.

También sé que debería decírtelo más a menudo de lo que lo hago, pero estoy infinitamente orgullosa de ti, de todo lo que has conseguido y de todo lo que vas a conseguir.

Pero como no conozco a nadie capaz de entenderme mejor que tú, siempre me acabas pillando cuando estoy mal. Y aunque a veces no sepa demostrarlo adecuadamente, eres tan intuitivo que sabes de sobras lo que significas para mí y el lugar que ocupas en mi corazón.

Por eso dejaré de lado los «lo siento» y pasaré a los «gracias».

Gracias por ser el mejor ejemplo que he podido tener.

Gracias por ser mi mitad, por haberme ayudado a construir quién soy en este momento y apoyarme siempre en todas mis locuras.

A veces me asusta que seas tan bueno, tan incapaz de ver la maldad en las personas que te han hecho daño.

Me asusta porque te quiero tanto que cada vez que te hacen daño me duele como si me lo hicieran a mí, pero me enorgullece que, a pesar de todo, sigas siendo tan bondadoso e inocente como la primera vez que te abracé.

Gracias por ser como eres.

Gracias por ser tan tú.

Gracias por ser mi hermano.

Abril

El primer día del mes amaneció nublado.

Desde entonces, han caído mil aguas.

Las primeras cien se llevaron las pocas hojas muertas que aún quedaban del invierno.

Las segundas colorearon el paisaje de verde.

Las terceras purificaron el aire de polen.

Las cuartas mancharon los cristales.

Las quintas agujerearon los paraguas.

Las sextas llenaron los charcos de barro.

Las séptimas nos calaron la ropa y el corazón.

Las octavas camuflaron nuestras lágrimas.

Las novenas lo limpiaron todo.

Y con las décimas conseguimos renacer.

Y como si de un
meteorito se tratase,
la realidad viene de
pronto a golpearte.
Cuando menos te
lo esperas pero
más lo necesitas.

FÉNIX

El ave fénix es un animal mitológico capaz de elevarse con suma elegancia de las propias cenizas de su destrucción.

Cuando los seres humanos caemos, renacemos como este pájaro de fuego, pero, a diferencia de él, no lo hacemos con elegancia y majestuosidad. Es como si de alguna manera nos diera vergüenza o nos sintiéramos culpables por haber tenido la fortaleza necesaria para resurgir de nuestras propias cenizas.

No entiendo el motivo, pero sospecho que se debe a que nos han convertido en seres vulnerables obligándonos a seguir unas pautas tan definidas que, cuando logramos levantarnos tras una caída, nos sentimos mal con nosotros mismos.

Pero lo cierto es que todos, en mayor o menor medida, lo hacemos.

Renacemos cada vez que conseguimos adelantar el ansiado verano tras el caótico invierno.

HIPOCRESÍA

Mi mayor temor con este libro es que creáis que os he estado engañando.

Que penséis que solo he querido mostraros lo bueno y ocultar lo malo.

Pero no ha sido así.

Simplemente, no sentía la necesidad de expresar lo malo más allá de estas páginas.

Vosotros, con quienes comparto mi vida pública, habéis sido mi vía de escape, con quienes he desconectado cuando me he sentido mal, porque no hay nada que me haga más feliz que alegraros si habéis tenido un día malo.

Con vosotros siempre, absolutamente siempre, me muestro tal y como soy. Pero cada persona es un mundo, y a mí no me gusta contar que estoy mal. No es por intentar aparentar que mi vida es perfecta, sino simplemente, porque a veces no sé cómo expresarlo, y la mayor parte del tiempo, ni siquiera comparto con mi círculo más cercano cómo me siento.

Aunque en el fondo supongo que no es tan simple.

El miedo también tiene mucha culpa de que sea tan reservada: me cuesta mostrar mis sentimientos por miedo a que me puedan hacer daño, y el dolor es el sentimiento que más vulnerable te hace parecer.

Sé que no me beneficia en nada. Sé que es algo que tengo que cambiar, porque cuando te lo guardas todo para ti, te conviertes en una bomba de relojería que en algún momento terminará explotando.

Pero poco a poco estoy aprendiendo a abrirme.

Poco a poco, estoy consiguiendo cambiarlo.

Estas páginas son un pequeño paso.

MAMÁ

Cada vez que escucho tu nombre, la primera palabra que me viene a la mente es «superación».

Creo que esa es una de las miles de cosas que me has enseñado sin tan siquiera ser consciente de que lo estabas haciendo.

He perdido la cuenta de cuántas veces te han intentado derrumbar. También he perdido la cuenta de todas las que tú has resistido, de todas tus victorias y todos tus fracasos.

Me asombraba (me sigue asombrando) cómo has sido (eres) capaz de resistir tanto.

Aunque tú no lo has tenido nada fácil, siempre has hecho lo imposible porque a nosotros nadie nos lo ponga nunca tan difícil.

Sabes cómo soy. Sabes que nunca digo estas cosas, pero quizá escribirlas me resulte más fácil: estoy tan sumamente orgullosa de ti que seguiría tus pasos ciegamente allá adonde fueras.

No sé cómo consigues estar siempre en el momento justo, en ese momento antes de que todo se venga abajo.

Pero gracias por conseguir que yo no me venga abajo con todo.

Mayo

Le encantaban las plantas, pero no se le daba bien cuidarlas. A unas las ahogaba y a otras las mataba de sed. Se le morían hasta los cactus. Una vez le regalaron una orquídea de mentira y la dejó tanto tiempo al sol que sus hojas de plástico se volvieron transparentes.

Así de mal se le daba.

A pesar de todo, le encantaban. Soñaba con tener una habitación decorada con macetas de colores rebosantes de plantas aromáticas, con grandes hojas verdes, con flores, sin ellas... Por eso, cuando se mudó a la casa nueva, tras deshacer las maletas y desempaquetar las cajas de la mudanza, antes siquiera de pasar por el supermercado para llenar la nevera, hizo una visita al invernadero.

Volvió contentísima, cargando una bolsa enorme llena de sobrecitos con semillas, pero cuando su compañero de piso la vio con ella, se le escapó una carcajada.

—¿Adónde vas con eso? ¿A asesinarlas?

Ella le ignoró. Dejó la bolsa en su habitación y salió a comprar tierra y macetas. Compró también varias latas de pintura de colores que combinaban con los de su nueva habitación y un juego de brochas y pinceles.

—Menos mal que por lo menos sus tumbas serán bonitas —bromeó él de nuevo cuando la vio entrar en su cuarto con ellas.

Ella volvió a ignorarle. Se encerró en su habitación, forró el escritorio con papeles de periódico para no mancharlo y se puso manos a la obra. Pintó el exterior de las macetas con mucho cuidado y, cuando estuvieron secas, las rellenó de tierra hasta la mitad. Luego leyó las instrucciones de los sobres de semillas que había comprado y, cuando las hubo memorizado... no se atrevió a hacer nada más.

¿Y si su compañero de piso tenía razón? ¿Y si las mataba todas? Si no llegaban a nacer, nunca podría matarlas. Así no fallaría. Su compañero no podría reírse de ella, ni llamarla asesina de plantas.

Mejor sería dejarlo todo como estaba.

Vació las macetas de tierra, las encajó unas dentro de otras con mucho cuidado y formó una pequeña pila que colocó detrás de la puerta de su habitación. Si la abría, la hoja de madera ocultaba los recipientes de colores, y así le costaba menos olvidar que había abandonado aquel proyecto antes incluso de comenzarlo. Cuando la cerraba, sin embargo, las macetas pintadas eran un grito que se clavaba en sus pupilas y la retaba a plantarlas.

Lo hizo a escondidas, por las noches, sin hacer ruido, porque no quería que su compañero de piso pudiera reírse de ella si fracasaba. Siguió las instrucciones al pie de la letra. Memorizó con cuánta frecuencia había que regar cada semilla y programó alarmas en el móvil para no olvidarlo. Colocó las que necesitaban más luz cerca de la ventana, buscó lugares en sombra para las que necesitaban menos y, durante las cuatro semanas de mayo las cuidó como si de las macetas, en lugar de plantas, fueran a nacer cachorritos vivos.

Estaba a punto de abandonar, harta de asomarse a la tierra para comprobar que no brotaba de ella ni una miserable brizna de hierba cuando vio que de la maceta pintada de rojo asomaba un tallo verde y fino. La cogió con mucho cuidado y, sujetándola con las dos manos, la llevó al cuarto de su compañero. Tocó a la puerta, pero no le respondió nadie, así que entró en la habitación y dejó el recipiente que contenía aquella planta recién nacida en mitad de su escritorio. Buscó un bolígrafo y un folio y garabateó una nota que encajó debajo de la maceta para evitar que se volara.

«Yo la he hecho nacer. Veamos si tú eres capaz de mantenerla viva», se encontraría escrito cuando regresara a casa.

Con una sonrisa en los labios, volvió a su dormitorio para seguir cuidando de sus plantas.

Esas plantas que parecían condenadas a morir en sus manos.

Las mismas que, de no ser por sus manos, nunca habrían nacido.

«Recoges lo que siembras.»

Tan típico y, a la vez, tan cierto.

Creo en el destino.

Desde que tengo uso de razón, siempre que me pasa algo, ya sea bueno o malo, sé que es por un motivo. Sé que a lo largo de mi vida tendré que pasar por experiencias buenas y malas. Por eso, cada vez que alguien me dice que el éxito en redes sociales es cuestión de suerte, me enfrento a un dilema interno.

Porque en parte pienso que sí son cuestión de suerte. Pero, por otra parte, sé que el nivel de conexión con el público depende de lo que transmitas y, sobre todo, de tu trabajo. Por eso me da rabia ser consciente de que la mayoría de la gente lo percibe como una manera fácil de ganar dinero.

Afortunadamente, es una percepción que va cambiando.

No sé qué pasará dentro de diez años, pero lo que sí puedo afirmar sin temor a equivocarme es que estoy eternamente agradecida por todo lo que me aportáis a diario. No sé si soy la cosecha de lo que he sembrado, pero sí sé que sois el mejor regalo que el destino podía haber puesto en mi camino.

La cuestión es mirar más allá de lo que los demás quieren mostrarte.

Verano

Sin duda alguna, eres mi
estación favorita.

Y no es porque seas la más
bonita, sino porque en tus
meses es cuando me he sentido
más yo que nunca.

Gracias, verano, por llenarme
de luz.

HOGUERAS DE SAN JUAN

Hace tiempo investigué el origen de la noche de San Juan, una de las más mágicas del año. Siempre me ha parecido una tradición de lo más fascinante y misteriosa, y eso es precisamente lo que me encanta de ella.

Se celebra durante la noche más corta del año, o lo que es lo mismo, el día que el sol, que está completamente enamorado de la Tierra, pasa más horas en ella. Solo eso ya la convierte en una noche mágica de por sí, pero la magia adquirió un carácter purificador cuando, el día que nació san Juan, su padre decidió anunciar su nacimiento encendiendo una hoguera. Desde entonces, celebramos la noche del aniversario del santo quemando en una hoguera papeles en los que hemos escrito todo aquello que queremos eliminar de nuestras vidas. Para dejarlo atrás, saltamos sobre el fuego.

A pesar de que me encanta lo mágica que es esta noche, tengo que confesar que nunca he sido capaz de quemar en ninguna hoguera los papeles en los que escribo las cosas que me gustaría dejar atrás. Y no es porque no haya nada que quiera abandonar en el pasado, sino más bien por temor.

Temor a convertir en ceniza pensamientos, sentimientos, personas o elementos que han formado parte de mi vida, por mucho daño que me hayan hecho. Aunque son cosas que preferiría olvidar, me aterroriza la idea de dejarlas atrás. Porque aunque me hayan herido, también son las culpables de haberme convertido en quien soy ahora.

La lista de cosas que dejaría atrás está escrita, aunque no esté quemada. Sigue conmigo, latente, escondida en algún lugar olvidado, pero sin haber desaparecido del todo.

Quizá algún día me atreva a reducirla a cenizas.

De momento, me conformo con haber conseguido que ya no me hagan daño.

NUESTRA PROPIA AVENTURA

No tengo que esforzarme demasiado para recordar el último día de curso antes del verano. Con cerrar los ojos me basta para retroceder a esas últimas horas de clase en las que tanto alumnos como profesores sabíamos que iba a ser imposible hacer nada de provecho, más por culpa de la ilusión y la adrenalina que nos desbordaba los poros que por falta de voluntad. Recuerdo la emoción de la cuenta atrás, como si estuviéramos presenciando un despegue espacial, todos con los ojos clavados en el reloj y contando a coro los segundos que faltaban.

El minuto en que sonaba el timbre que indicaba el final del curso era el mejor de todo el año. Los gritos que seguían a aquella música celestial, el sonido de las carcajadas de alegría y el golpeteo de pies corriendo por los pasillos eran la primera banda sonora del verano. La sensación de libertad y la felicidad de comenzar las vacaciones eran siempre indescriptibles, incluso el día que terminó sexto y la alegría se vio un poquito empañada por el miedo que me provocaba saber que el siguiente curso comenzaríamos siendo los más pequeños y vulnerables del instituto.

Si tuviera que elegir un momento que repetir mil veces, sin duda sería ese.

La mezcla de emociones era curiosa, porque la alegría se unía a la tristeza de saber que en tres meses no íbamos a tener prácticamente ninguna noticia de nuestros amigos y amigas, pero lo sobrellevábamos pensando que tras la separación volveríamos con mil historias que contarnos.

Mis historias siempre tenían idéntico escenario: todos los años íbamos de vacaciones al mismo apartamento de Valencia. Y a pesar de que los planes no cambiaban de un verano a otro, las historias con las que regresaba siempre eran diferentes.

El verano siempre era una aventura a medio descubrir.

Llevo veraneando la misma aventura desde que tengo memoria, y no la cambiaría por nada del mundo. Me encanta viajar y descubrir lugares nuevos, pero ese mes es nuestro, de mi familia y mío, y, de alguna manera, hemos conseguido convertir esa preciosa ciudad y la rutina que hemos construido en ella en un pequeño hogar.

Un hogar repleto de recuerdos en el que siempre queda un espacio para los que seguiremos creando juntos año tras año.

Cada persona
tiene su propio olor,
y no te imaginas
lo que me cuesta
olvidarme del tuyo.

Junio

Cuando era alumna, nunca temió el momento de recibir las notas.

No lo temía porque siempre se esforzaba, porque siempre había sido buena estudiante. Y su experiencia le decía —sus maestros le decían— que a los estudiantes que se esfuerzan, las cosas siempre les salen bien.

Ella se había esforzado, había sido buena estudiante, por eso no se esperaba el resultado que lo cambió todo. El resultado que no era el que ella quería.

Quizá la sorpresa tuviera en parte la culpa de que tardara en asimilar las consecuencias de aquel resultado. La que le hizo empezar a tenerle miedo a las notas.

Es curioso que haya empezado a tenerles miedo justo el año en que no tiene notas que recibir. El curso que no hay decepciones que llevarse.

Es el primer año de su vida que no ha tenido a nadie de quién aprender, a nadie intentando enseñarle, a nadie que la evalúe.

Sin embargo, ella sola, por su cuenta, ha aprendido muchísimo.

Ahora sabe que las cosas no siempre son justas. Ahora sabe que las cosas no siempre salen como se han planeado, por mucho que te hayas esforzado en ellas. Ahora sabe que a veces hay que tocar fondo para poder salir a flote. Ahora sabe que en la vida hay que aprender a improvisar y estar preparado para lo que venga. Ahora sabe que parte del encanto es, precisamente, que las cosas sean imprevisibles.

Este curso, no hay maestros ni profesores ni tribunales que la evalúen.

Pero está segura de que lo ha aprobado con nota.

Todo el mundo necesita un refugio.

Y no me refiero a un lugar donde estar en intimidad, sino a ese grupo de personas con las que encajas a la perfección y con quienes nunca tienes miedo de ser tú mismo.

Ese grupo que crea un lugar donde te sientes a salvo.

Todo el mundo necesita un refugio, pero no a todo el mundo le resulta fácil encontrarlo.

Para mí no lo fue.

O, mejor dicho, hubo un momento en que me costó saber quiénes lo conformaban.

Cuando era más pequeña, la necesidad de sentirme a salvo era menor: de niños no tenemos tantas inseguridades, estamos expuestos a menos maldad y, sobre todo, la amistad se vive desde una perspectiva completamente diferente. No creo que las amistades de la infancia se vivan desde una perspectiva equivocada, ni tampoco mejor que cuando somos adolescentes, sino, más bien, que dicha perspectiva va cambiando con nosotros.

A mí me llevó un tiempo comprender que cuando somos pequeños, todavía no tenemos bien definida nuestra personalidad, nuestros gustos y valores, por lo que es fácil ser amigo de todo el mundo. Pero con el paso de los años, a medida que vas creciendo y te vas definiendo como persona, sentimos la necesidad de ir cerrando poco a poco nuestro círculo de amistades hasta conseguir ese refugio en el que puedes ser tú mismo sin miedo a que nadie te juzgue.

Me costó y me dolió entender esta mecánica, porque no era capaz de asimilar que una amistad de toda la vida se acabara de pronto. No concebía que fuera posible que dos personas pasaran de ser inseparables a completas desconocidas solo por el hecho de haberse hecho mayores.

Es duro ir perdiendo amistades a medida que evolucionamos, pero evolucionar significa dejar lugar para amistades nuevas. Y, sobre todo, darte cuenta de que por mucho tiempo que pase, siempre habrá alguien que nunca se soltará de tu mano y será la pared más sólida de todas las de tu refugio.

He perdido la cuenta de todas las veces que he deseado la playa.

También he perdido la cuenta de todas las que he tenido que aprender a conformarme con la montaña.

Ansiar la playa y no poder estar en otro lugar distinto a la montaña es una lucha contra esos pequeños imprevistos que te han impedido llegar adonde deseabas. Pero con el tiempo, si te esfuerzas y eres capaz de ver más allá, puedes aprender a disfrutar de esa montaña en la que preferirías no estar.

Si lo consigues, cuando por fin llegues a tu ansiada playa, la disfrutarás mucho más.

A pesar de que siempre he sido muy independiente a nivel emocional, independizarme no ha sido en absoluto como me lo había imaginado.

Independizarse es conquistar la libertad.

Pero también la extrañeza de aprender a vivir día a día echando de menos tu entorno.

Independizarse es madurar de golpe.

Pero también aprender a valorar y disfrutar la soledad.

Independizarse es ser responsable de tu vida y tu propio bienestar.

Pero también saber que tus padres seguirán protegiéndote siempre, por muy lejos de su ala que hayas volado.

Independizarse es una montaña rusa con sus altos y sus bajos.

Pero también una atracción en la que es imprescindible haber montado para conocer de primera mano cómo funciona el mundo.

Julio

Julio es, y será siempre, dos colores.

Blanco y rojo.

Julio es, y será siempre, una ciudad.

Pamplona.

Julio es, y será siempre, una fecha.

San Fermín.

Julio es, y siempre será tradición.

Tradición que puede mantenerse sin necesidad de dañar a ningún ser vivo.

Julio es, y será siempre, alegría, fiesta y cuadrilla.

Julio es, y será siempre, el mes de volver a casa.

Si el cuerpo no lo permite, al menos de corazón.

Descubrir.

Descubrirse.

Eso es viajar para mí.

También es un sueño.

Muchas veces, cuando viajo, me veo en ese entorno nuevo y extraño y me cuesta creer que la protagonista del viaje sea yo. Es una experiencia tan bonita y que durante tanto tiempo he creído tan fuera de mi alcance que cada vez que viajo, aunque sea a una hora de mi casa, me siento infinitamente afortunada.

Entre viajar sola o acompañada, no sé con qué experiencia quedarme: las dos son tan distintas y enriquecedoras que me cuesta decidir.

Lo mejor de viajar acompañada es crear un recuerdo compartido del lugar al que has viajado con tus compañeros de travesía, y sentir que algo de esa realidad que habéis descubierto juntos siempre quedará en vuestro interior.

Lo mejor de viajar sola es la libertad. Lo peor, que viajando sola es cuando más a merced quedas del miedo.

Recuerdo mi último viaje sola. Me sentía vulnerable, asustada y sin expectativas. Pero justo antes de partir una buena amiga me recordó que a veces es necesario viajar solo para encontrarse. No me sentía perdida, pero sí necesitaba respirar otros aires, conocer gente nueva y aprender de ella, de sus costumbres y sus culturas.

Viajar sola es más difícil que hacerlo acompañada, pero también mucho más mágico y enriquecedor.

Una experiencia es descubrir.

La otra, descubrirte.

Yo no sé con cuál quedarme.

¿Cuál elegirías tú?

PERSEIDAS

La lluvia de meteoritos en verano es el fenómeno más especial que he presenciado en mi vida.

La naturaleza nos regala momentos únicos y, además, tiene la generosidad de compartirlos con nosotros cada año, como si no quisiera que perdiéramos la oportunidad de experimentar su magia un poco más de cerca.

Desconozco qué es la magia, o si existe siquiera, pero si lo hace, debe de parecerse bastante al poder que tiene el cielo de atraer la atención de miles de personas una noche de verano para ver cómo una estrella pasa fugazmente frente a sus ojos.

¿Qué puede haber más mágico que un meteorito que surca el universo convertido en un punto de luz capaz de conceder deseos?

Todo lo demás sobra cuando dos mentes se besan.

Agosto

Agosto es un helado de chocolate y limón.

Dulce y ácido. Descanso y movimiento. Fin y principio.

Pura contradicción.

Este libro se terminó de imprimir
en el mes de abril de 2019

Otros libros de Judith Jaso

La primera y esperada novela de *It's Judith* relata una historia llena de misterio que te tendrá expectante hasta el final.

Sofi y Gaia quieren cambiar de vida.

Una tiene todas sus esperanzas puestas en aprobar la selectividad e ir a la universidad. La otra quiere aventuras. Y las quiera ya. Para despejarse del estrés de los exámenes, un día se proponen hacer una pequeña locura...